AF258641

L'HOMME

DES DESTINÉES,

ou

LE FLÉAU DE DIEU.

L'HOMME

DES DESTINÉES,

OU

LE FLÉAU DE DIEU.

A PARIS,

CHEZ L. G. MICHAUD, IMPRIMEUR DU ROI,

RUE DES BONS-ENFANTS, N°. 34.

M. DCCC. XIV.

Lᴇ discours, ou plutôt les discours que je donne ici,
sous le titre de l'*Homme des Destinées*, ont été achevés
le 15 août 1810. Je rapporte cette date, parce qu'elle
forme à elle seule la moitié du mérite d'un écrit que je
n'offre qu'à mes amis. Plusieurs d'entre eux en avaient en-
tendu en secret la lecture à l'époque où il fut composé;
ils ont paru désirer de le revoir, je cède à ce désir. Mais
il n'y aurait aucun mérite à donner aujourd'hui au public
un morceau d'un ton trop déclamatoire pour l'instruction....
J'oserai écrire l'histoire de quelques moments de la vie de
Buonaparte, dans un livre d'Annales qui dateront de la
première année du siècle. Occupé, depuis 1806, d'un
livre sur *les Ages de la civilisation*, qui demande encore
de longs travaux, j'ai senti la nécessité de m'exercer dans
les différents genres d'écrire. *L'Homme des Destinées* est
un de mes essais dans le genre oratoire. J'ai voulu trouver
dans chacune des parties de ce discours une forme d'éloquence différente : on les jugera..... Il m'eût été facile de
modifier la péroraison de la dernière partie; mes vues y
sont tristes..... Mais, outre que ce serait manquer de
bonne foi..... je n'ai malheureusement pas changé d'avis sur
la fin prochaine de la vieille Europe, et ce troisième discours établit la vérité des deux premiers. Daigne la divine
Providence prolonger la vie de la société française, et
rendre ses derniers jours nobles et purs !

L'HOMME
DES DESTINÉES,
ou
LE FLÉAU DE DIEU.

PREMIÈRE PARTIE.

Plusieurs habitants d'un même château se perdirent dernièrement dans une longue promenade; l'importance du sujet qu'ils traitaient alors leur fit oublier les heures et la fatigue du chemin. Ils parlaient entre eux de l'état de l'Europe, et de l'homme qui la gouverne à son gré; tous étaient d'accord sur le génie de cet homme, mais tous ne l'étaient pas sur les fins qu'il se propose: les uns attribuaient au hasard seul une partie des causes qui l'ont élevé à l'empire, d'autres croyaient y voir à la fois un mélange de bonheur et de talent; mais le point sur lequel ils différaient le plus, était de savoir si ce phénomène serait,

en dernier résultat, pour notre France et pour
l'Europe, un bienfait, ou un fléau. A ce point
de leur dispute, nos amis reconnurent qu'ils étaient
arrivés, par des bois, au pied des buttes de Bas-
ville. Un seul d'entre eux, jusque-là, n'avait fait
qu'écouter ; tous alors cessèrent leurs différends,
et se réunirent pour le presser de parler. Les
hommes ont si bien la conscience du peu de soli-
dité de leurs opinions, que, dans les entretiens,
on les voit toujours s'inquiéter du silence d'un
homme plus retenu, comme d'un reproche tacite
ou d'une secrète accusation. Le soleil commen-
çait à descendre ; Théophile, c'est le nom que je
donnerai au rêveur, ne put résister long-temps
aux instances de ses amis ; mais, ne voulant pas,
je crois, perdre le spectacle des dernières heures
d'une belle journée, ou par un autre motif que je
ne démêlai pas bien, il proposa de monter jusqu'aux pins qui couronnent ces buttes ; arbres
qu'un sage a plantés, et que le moindre souffle
d'air suffit pour agiter avec un murmure triste et
sourd : le spectacle des belles vallées qu'ils
voyaient s'étendre à leurs pieds, calmait, en
montant, leurs esprits ; l'exagération, fille de la

dispute, mourait dans leurs cœurs; la contemplation les mettait peu à peu en harmonie avec la vérité. Chacun d'eux en arrivant s'assit en silence sur l'un des blocs de grès semés çà et là. Ils demeurèrent tous quelque temps dans la rêverie, les yeux fixés sur les cimes des bois ou sur les scènes riantes de la vallée; l'un d'eux cependant finit par rappeler à Théophile la promesse qu'il venait de faire. Il commença ainsi.

Sur quel sujet, mes amis, venez-vous fixer ma pensée? et quelle est ma force pour le traiter? Aveugle, est-ce à moi de vous conduire? Pourrai-je écarter le nuage qui vous cache la vérité? Chaque jour un trône s'écroule! des hommes nouveaux marchent sur la tête des rois. Nous avons vu notre patrie en proie aux plus horribles guerres; aujourd'hui, un homme règne sur nous, et par nous sur l'Europe; il dispose en maître des couronnes et des fortunes : où va-t-il, que veut-il? quelle est sa fin? où sera l'Europe, le jour où la mort viendra l'arrêter? Voilà, mes amis, les pensées qui vous agitent, et sur lesquelles vous appelez la lumière; est-ce à moi qu'il appartient de vous satisfaire? Depuis vingt ans, vous le savez, les calculs des sages et des habiles n'ont été que folie; toute la prévoyance humaine s'est vue en défaut : il est vrai que, dans ce chaos, plus d'une fois aussi on a vu le moins digne doué d'une inspiration subite, la transmettre aux autres, fixer les incertitudes, faire taire les discords, et réunir tous les avis dans un seul. Je vais donc essayer de faire passer en vous le sentiment qui m'agite; et si ce pouvoir est accordé à ma parole, croyez que je n'y prétends aucune gloire : ce que j'ai vu depuis quelques années m'a trop appris à qui l'homme doit compte de ce qu'il trouve en lui de justice et de vérité!

Un homme règne en Europe, le reste tremble, ou sert : il a fallu, pour cette élévation, tant de chances miraculeuses; pour cette puissance, tant de génie, et à ce génie une fortune si fidèle, que l'on ne sait plus où se prendre, si l'on demeure assez aveugle pour méconnaître la cause dont ce dominateur n'est que le ministre! Nos faibles esprits alors se perdent dans une nuée de pensées vaines et contraires. Éblouis de cet éclat, ou blessés de cette puissance, nous nous agitons dans des disputes, et pour des opinions que le flot du jour amène, et que celui du lendemain doit balayer. Chacun de nous cependant reste admirateur, ou ennemi; chacun s'irrite de voir les autres ne pas se ranger à son avis: et pourquoi, messieurs? c'est que chacun, en effet, n'est pas sans motifs pour admirer, comme pour blâmer ce prodige. Si ce génie commande le respect, cette force imprime l'épouvante. Assemblage de tous les contraires, envoyé pour une double fin, rien n'est simple dans un tel sujet: les hommes y trouvent presque tout ce qu'on peut admirer, mais aussi tout ce qu'ils doivent craindre; et si vous daignez me prêter quelque attention, il nous sera facile d'apercevoir que Napoléon est à la fois instrument de vengeance pour la plupart, mais de guérison pour quelques-uns. Que s'il semble envoyé pour punir la vieille Europe de ses crimes, et peut-être pour la frapper d'abaissement, ce spectacle qu'il donne au monde parle si haut, qu'il paraît bien propre à ramener à une crainte salutaire ceux dont le cœur n'est pas séché. Voilà, messieurs, ce que je vais essayer de vous faire; et dans un tel sujet, je n'aurai pas besoin de paroles étudiées : il suffira , pour vous faire reconnaître une volonté à qui tout cède, de replacer sous vos yeux, dans un seul cadre, des événements qui ne nous frappent pas comme ils le devraient, parce que, toujours prompts à oublier , nous écartons de notre pensée l'histoire de la veille, pour ne voir que celle du jour ; frivolité funeste, qui tend à rendre nuls les enseignements qui nous sont donnés !

Me faudra-t-il remonter, messieurs, aux premiers mobiles des événements dont nous avons été les témoins et les victimes ? Vous ferai-je voir Richelieu détruisant la noblesse, colonne du trône; Louis-le-Grand, au bel âge de la France , préparant , par son luxe , la pauvreté de ses petits-fils , et leur ruine par ses triomphes ; la régence, minant les lois de l'état par le mépris des mœurs et de la religion ; enfin, sous Louis XV, les sophistes portant sur tout une analyse sacrilége, qui apprit à chacun à mettre en problème jusqu'à la Divinité ? Il suffirait sans doute de cette chaîne de fautes et de crimes, pour vous convaincre que l'heure du châtiment arrivait avec la vieillesse et la corruption ; mais, de nos jours, tant de preuves manifestes du courroux du ciel me dispensent assez de recourir à d'autres preuves.

Commençons à cette année qui devait commencer nos malheurs. Voyez l'Europe, promenez vos regards sur tous les trônes, regardez bien les hommes qui y siègent, et après, dites-moi si une telle réunion de faiblesse de cœur et de pauvreté d'esprit pouvait être l'effet du hasard et de la fortune. Voyez le théâtre, et dites si la distribution des rôles n'est pas précisément celle qu'il fallait pour de tels bouleversements. Frédéric n'est plus ; et, selon l'expression d'un homme d'esprit, je ne vois à la tête des peuples, *d'autre homme que la femme extraordinaire* qui gouverne les Russies. N'est-ce pas là d'abord un enseignement ? et la Providence ne semble-t-elle pas dire : Peuples, je vais vous frapper ; je retire le sens à tous les hommes qui règnent sur vous, mais je le laisse à une femme pour gouverner un peuple qui, seul entre ceux de l'Europe, n'a pas encore mérité le châtiment, parce que, seul, il n'est pas encore arrivé à l'enivrement de la science.

Tout était, vous le savez, messieurs, dans ce

calme effrayant qui précède toujours les tempêtes. Notre roi, victime sans tache, dévoué pour Israël, était déjà paré pour le sacrifice. L'orage gronde, et le prince semble n'être là que pour paralyser les efforts de ceux qui veulent soutenir son trône qui chancelle ; il ne donne à tous que l'ordre de courber la tête ; la foudre éclate, le frappe, il tombe, et il s'élève au ciel, où, sans doute, il prie pour la France !

Dirai-je l'effroyable débordement des passions humaines sorties de l'antre voisin du palais ? Pauvre France, te voilà sous la main d'un Dieu vengeur ! tes enfants les moins coupables périssent, l'anarchie et la mort t'assiègent sans cesse, tes vêtements royaux sont déchirés, ton front est dans la poussière, chacun de tes membres est couvert de plaies et de blessures ; tu subis ta peine ! Déjà l'étranger s'avance pour te déchirer, déjà il t'a saisi..... tu vas périr !..... Non ! l'Éternel, qui pèse d'une main sur toi, te protège de l'autre ; tu souffres, il le veut, mais tu vis ; un mur d'airain s'élève entre l'étranger et toi, tu demeures libre sur ton lit de douleurs ; l'Éternel, qui te destine à punir les autres peuples, te dira bientôt : Lève-toi,

France, et venge-moi... Pardonnez, messieurs, au souvenir de nos malheurs, ce mouvement où je m'emporte : absents ou témoins, tous, comme moi, vous avez souffert des maux de la patrie. Et quel Français digne de ce nom, ami de la république, ou partisan de la monarchie, est demeuré insensible, et n'a pas pleuré sur son pays !...

Mais examinez avec moi ce prodige de la France conservée au milieu de l'anarchie et de la désolation ! Vous le savez, messieurs, une fois le timon de l'état brisé, la guerre civile, la famine et la mort régnaient sur nous ; l'armée, sans chefs, s'était dissoute ; chaque jour une destruction nouvelle déliait les citoyens de toute obéissance : quel homme raisonnable, s'il n'élevait sa pensée vers le ciel, pouvait prédire autre chose que la ruine entière de l'état ? Aussi, messieurs, dans quel étonnement furent les sages et les habiles, de voir des laboureurs et des artisans ceindre le baudrier, et, sur-le-champ, capitaines, non-seulement arrêter les vieux généraux de l'Europe, mais bientôt les balayer devant eux, comme l'orage balaie la poussière ! Convenez, messieurs, que l'enthousiasme de la liberté qu'on a donné pour seule cause à ce prodige, est un prétexte bien frivole. Que ceux de vous qui l'ont vu se rappellent comment se formait dans nos villes chaque bataillon : quels étaient ceux qui s'empressaient de s'y enrôler, sinon pour la plupart des hommes qui couraient cacher leur tête sous le drapeau ? pour un que l'amour du pays menait aux frontières, la peur en conduisait dix ; tous veulent fuir la proscription : tremblants, ils prennent l'épée ; arrivés devant l'ennemi, tous sont des héros.

Que de vulgaires écrivains cherchent dans des moyens humains la cause d'un prodige qui n'est pas de l'homme ! Frappés de stérilité, tous les philosophes de la matière se perdront dans un dédale pour donner une couleur vraisemblable à leur théorie dans l'explication de ces jours de notre histoire ; mais, nous, messieurs, pourrions-nous ne pas reconnaître la main de celui qui, du haut du ciel, comme le dit Bossuet, tient les rênes de tous les empires ?

La France allait succomber dans les tortures ; ses victoires ne pouvaient la soustraire aux maux qu'elle souffrait.... Mais un de ses bourreaux

craint pour sa tête criminelle, il attaque le sombre
tyran, et l'accable; il ne songe qu'à se sauver, et
et il sauve la patrie; il détruit en un moment une
oppression contre laquelle l'Europe était impuis-
sante, et sous laquelle tombaient chaque jour les
plus dignes Français: une cause aussi indigne pro-
duisant de tels effets, ne ramène-t-elle pas sur
l'heure notre pensée vers un pouvoir supérieur,
qui tantôt de rien fait tout, et tantôt dissipe en
fumée les efforts des potentats. C'est toujours à
ces causes, plus faibles, à proportion, que leurs
effets sont grands, que l'on reconnaît la Divinité.
Les hommes, au contraire, vous le savez, se re-
connaissent dans leurs œuvres à la grandeur des
préparatifs, comme à la petitesse des résultats.
Xerxès amène trois millions d'esclaves, et vient
fuir devant une poignée d'hommes libres.
Alexandre s'empare de la moitié du monde pour
en laisser les dépouilles à des lieutenants qui se
battent et se détruisent sur son tombeau; Tallien,
au contraire, que la Providence conduit à son
insu, fait un effort pour se soustraire à la mort
qu'on lui prépare, et la France est délivrée de
la terreur.

Vous voyez donc, messieurs, le ciel punissant la France et la sauvant : il la laisse se débattre encore victime des sophistes, gens habiles à détruire, mais qui jamais ne surent édifier ; elle vit, mais sans ordre et sans lois. Elle souffre la peine de la curiosité, elle est livrée à toutes les débauches de l'esprit qui va sans cesse d'une erreur à un crime, quand il ne tend pas sans cesse à s'élever en remontant vers le flambeau dont il est l'émanation. Si vous avez aperçu jusqu'ici cette Providence qui sans cesse veille, combien vous allez la reconnaître à l'éclatant témoignage qu'elle donne de son action constante !

A cette époque, arrive dans les murs de Paris un officier du corps de l'artillerie, appelé par des hommes pour rendre compte de sa conduite, appelé par une autre puissance pour une autre fonction !...

Il paraît sur la scène ; son nom est Buonaparte, et ce nom est bientôt dans toutes les bouches. Essaierai-je, messieurs, de vous peindre cet homme ? vous ne l'espérez pas ; Bossuet seul le peut dignement, écoutez-le donc.

« Un homme s'est rencontré d'une profondeur

d'esprit incroyable, hypocrite raffiné autant qu'habile politique, capable de tout entreprendre et de tout cacher, également actif et infatigable dans la paix et dans la guerre, qui ne laissait rien à la fortune de ce qu'il pouvait lui ôter par conseil et par prévoyance; mais au reste, si vigilant et si prêt à tout, qu'il n'a jamais manqué les occasions qu'elle lui a présentées; enfin un de ces esprits remuants et audacieux qui semblent être nés pour changer le monde. »

Ce portrait, messieurs, n'est pas celui de Cromwell, c'est le type du dominateur; il convient à César, à Charlemagne, à Richelieu. Et en effet, toujours les mêmes qualités et les mêmes vices sont appelés à régner sur nous; c'est toujours à une réunion de facultés qu'on ne trouve jamais que séparées chez nous autres hommes vulgaires, que l'on reconnaît ces puissants génies; c'est toujours la force unie à l'adresse, l'audace jointe à la prudence, et, pour tout dire en un mot, ce jugement héroïque dont parle le cardinal de Retz, qui leur sert à distinguer toujours l'extraordinaire de l'impossible. Ce jugement, messieurs, a été donné au plus haut degré à l'homme dont nous parlons;

2

sa mission est plus haute que celle de tous les hommes qui ont paru avant lui.

Mais ici une question se présente bien naturellement. Pourquoi ce génie si impétueux, que rien n'arrête, qui fatigue la renommée, resta-t-il donc jusqu'à ce jour tranquille dans les derniers rangs de l'armée? comment, jusque-là, messieurs, est-il demeuré inconnu? Certes, ce phénomène est étrange. Quoi! ce génie qui jamais ne repose demeura cinq ans simple officier! Quoi! dans un temps où l'ouvrier des villes devenait chef, il restait subalterne! Quoi! les hommes les plus ordinaires acquéraient en six mois toute une renommée, et ce génie restait sans gloire! Certes, messieurs, il y a là un prodige que tous les instituts auront bien de la peine à expliquer par des voies humaines ; mais si nous élevons notre pensée au-dessus de cette région, sur l'heure nous reconnaissons la main qui l'a choisi et qui le cache jusqu'à l'heure marquée. Nous ne doutons pas que sur notre terre, plus d'hommes qu'on ne pense ne reçoivent en naissant les dons du génie, du caractère et de la pensée ; le ciel se plaît à témoigner à la fois sa magnificence et son pouvoir : il sème d'abord avec profusion des biens qui nous éblouissent si fort, et montre ainsi ce qu'ils lui coûtent; mais bientôt avare, il n'envoie qu'à un petit nombre cet ordre de naître à propos, sans lequel, hors de l'harmonie de son époque, l'homme le plus riche de tous les dons les voit périr sans fruit, ou ne les montre aux autres que comme un vain et stérile ornement.

Oui, messieurs : qu'un homme, quelque génie qu'il ait reçu, paraisse, je ne dis pas un siècle avant celui où ses qualités peuvent briller, mais un an, un jour avant l'heure marquée, il est déchu, et il tombe sans gloire : Descartes, sous Clovis, eût en vain promené de sublimes rêveries à l'ombre d'un cloître; sans la prière d'Arnauld, Pascal jamais, peut-être, n'eût songé à nous révéler son génie; et Buonaparte enfin, sous Louis XIV, fût mort colonel d'artillerie, ou peut-être, au plus, maréchal, comme Fabert !

Que penser de l'homme et de la gloire, messieurs, si on ne peut jamais rien sans cet à-propos, que le ciel refuse ou accorde comme il lui plaît, et pour des fins qui nous sont inconnues ?

Il est général.... il part.... il quitte le théâtre de

sa honte..... Arrivé à celui de sa gloire, sa jeunesse, la petitesse de sa taille font d'abord murmurer le soldat, que l'on voit toujours, semblable à l'enfant, se laisse capter ou prévenir par l'extérieur, mais qui, bientôt habile, sait aussi comme lui démêler le fort et le faible de celui qui le dirige. Bientôt la force, la grandeur, la maturité du général se révèlent à ses yeux; bientôt au murmure succède le silence du dévouement, et bientôt les cris de joie autour du triomphateur. Il triomphe sans cesse, et par l'épée et par la parole; non que l'éloquence de la tribune lui ait ait été donnée : celui qui l'envoie ne l'a pas fait naître pour siéger au fauteuil d'une assemblée publique; mais elle lui a remis l'épée, et, avec l'épée, la parole qui échauffe les courages. Il est le modèle de l'éloquence militaire. Au jour d'une bataille, vous le verrez toujours jeter de ces phrases qui vont de ligne en ligne, doublant les bataillons : car il sait qu'il commande à un soldat plein d'imagination; et que l'enthousiasme est une force plus simple à la fois et plus impétueuse que le canon de ses batteries et la vitesse de ses cavaliers. Aussi, quels résultats! Cinq armées ennemies viennent l'une après l'autre mourir sous ses baïonnettes; il est maître de l'Italie, il commande au Tibre.

Le directoire, jaloux de sa gloire, est forcé, comme Marius, d'aller chaque jour rendre grâces des victoires de cet autre Sylla; on est encore dans le doute si ce n'est pas à cette jalousie des cinq, qu'est due la paix qui l'arrête en sa course: le temps n'est pas encore venu, où cet homme ne connaîtra d'autre obstacle que sa volonté. Il revient à Paris se reposer quelques jours de ses travaux... Que dis-je se reposer? Est-ce le connaître, est-ce parler de lui? Non: il vient travailler dans le silence, et sous le toit de sa maison, au plan d'envahissement du monde.

Vous rappelez-vous, messieurs, quels concerts d'applaudissements le poursuivirent alors partout? Quelle admiration! les cris en perçaient les murs de sa retraite. Lui que rien ne trouble en fut troublé peut-être! Peut-être alors l'orgueil vint-il lui dire: tu és plus qu'un homme! peut-être est-ce à dater de cette époque que s'altéra sa pensée: car on aime à croire que cette tête si forte fut aidée d'une ame aussi, et que l'asservissement de tous les hommes ne fut pas le plan de toute cette vie!... Mais que dis-je? où vais-je m'égarer? N'est-il pas le ministre des vengeances? Et s'il fut choisi pour ce redoutable emploi, comment peser exactement le mélange des qualités ou des vices qui ont attiré sur lui cette charge?

La jalousie du directoire s'accroît chaque jour; chacun d'eux redoute et déteste ce désiré de la France; toujours désunis entre eux, ils s'unissent en ce seul point : il faut perdre ce vainqueur; mais comment le perdre! sa gloire et le peuple l'environnent! Il est arrêté qu'un exil honorable doit le mener à sa perte; oui, il ira expier sa gloire dans les déserts de l'Afrique, et sans doute y mourir! Tel est le conseil des cinq. Mais alors, dans l'ombre de son cabinet, le héros lui-même songeait à proposer aux cinq ce que les cinq arrêtaient entre eux pour le perdre. Voyant que la guerre seule était son refuge, il allait leur proposer de porter sur le continent africain l'armée avec laquelle il venait de vaincre aux champs d'Italie. Qu'il s'éloigne, qu'il parte, qu'il meure! tel est le vœu secret de chaque directeur. Laissez-moi partir, et je vous donne d'autres colonies, et

je vous fraie une route aux Indes ! telle est sa demande. Accord où l'on découvre l'ordonnateur
caché de cette scène qui tient tous les fils de
l'entreprise. Voyez comme ces aveugles vont concourir à des desseins qu'ils ignorent ! La France
n'est pas assez châtiée, le jour n'est pas venu : et
loin, bien loin de la France, va, seulement dans
la pensée d'échapper aux cinq, peut-être au plus
dans celle de fonder un empire chez les Grecs,
dans le désespoir de régner sur nous, celui qui
dans peu doit être ramené pour régner sur l'Europe ; d'autre part, des hommes qui s'applaudis-
sent de l'art avec lequel ils viennent d'écarter ce
dangereux guerrier, ne font que mettre par-là
plus à découvert leurs désordres, leur igno-
rance, leur tyrannie basse et capricieuse, et enfin mettre dans tous les cœurs un désir immense
de son retour. Vous le voyez, messieurs, les plus
grands, comme les derniers des hommes, ne sont
que des instruments dans la main de celui qui
nous juge d'une hauteur où les différends qui
existent entre nous disparaissent ; c'est de notre
petite cellule que nous mesurons et disons : celui-
là est grand ! Mais si du haut d'un sommet des

Alpes notre œil n'aperçoit plus aucune différence entre le géant et le nain qui errent dans les plaines, que pensez-vous que nous soyons tous aux yeux de l'habitant des régions célestes! Pascal à côté d'un laboureur, Malesherbes auprès de Barrère, tout serait pareil, si la vertu et non le génie ne venait fixer les degrés : c'est là l'échelle de proportion, messieurs; tout le reste est fantôme et vanité.

Buonaparte absent, tout va dans le désordre; l'armée connaît les revers, le Russe et l'Allemand se rapprochent de nos frontières; et cependant, c'est partout un mélange de fêtes et de troubles; tous les lieux publics sont des jardins d'Alcine ou d'Armide; jamais on ne vit tant de jeux et de spectacles, le luxe reparaît sortant des ruines: plus d'autels, mais des concerts; plus de mœurs, mais des danses; plus de patrie, mais une licence effrénée. C'est un déluge d'écrits, d'opinions furieuses ou folles; tous les délires de l'esprit et du cœur se montrent à découvert; il existe un bal qu'on appelle le *bal des victimes* : on danse sur les tombeaux à peine fermés! Oh que le ciel fit bien voir à quelle incorrigible démence sont li-

vrés les esprits quand ils ont perdu le frein de la
religion et des mœurs! Quoi! tant de malheurs
n'ont pu nous laisser tristes! tant de ruines ne
nous font pas rêver! Quoi! les bourreaux se pro-
mènent parmi les fils des victimes! Quoi! la
France rit au sortir des tortures! Mais, Dieu puis-
sant! tu vas bientôt rendre à la crainte ces esprits
légers; la loi des otages vient leur rappeler, par
force, qu'il y a deux ans ils tremblaient; les
maux présents leur sont des souvenirs des maux
soufferts. La France redescend au dernier degré
de l'abaissement; elle est sans force, sans finances,
livrée à des tyrans ignobles, comme à d'éternels
parleurs. Scherer vend les fusils de son armée;
et l'on prêche pour les cloches, quand il fallait
sauver le temple et le purifier!

Une trame ourdie pour replacer sur le trône
les anciens maîtres, est déjouée par l'oiseuse lo-
quèle de quelques hommes. Ce directoire, si
faible qu'un homme bientôt pourra le renverser,
subsiste, et, faute d'un homme parmi ses adversaires, triomphe et proscrit tous ces conspirateurs
babillards! Et par-là nous voyons les efforts des
hommes misérables et ridicules, puisque la ma-

jorité d'une nation, d'accord pour retourner à l'ancienne obéissance, envoie des commettants qui ne savent faire autre chose qu'attaquer, de paroles, une tyrannie ridicule elle-même, et qu'un seul acte de courage devait abattre; mais il était décidé que la race royale ne devait pas encore ressaisir la couronne, et qu'un autre irait s'asseoir sur un trône qu'il lui était permis de fonder.

Tant de désordres, de combats, de fautes et de crimes, préparaient en silence les avenues de ce vainqueur. Les cinq se divisent; deux se souviennent alors qu'il y a par-delà les mers un homme qu'ils ont proscrit : ils l'ont éloigné dans leur haine; dans leur haine contre d'autres, ils l'appellent, et lui offrent de partager avec lui le gouvernement. L'avis secret lui en parvient en Egypte; il triomphe, et dit, dans sa pensée, je suis Roi! et, dans le mystère, réunissant quelques Séides, il quitte l'Egypte, il part ! il laisse aux déserts ceux qui ont quitté la France pour le suivre! Voilà, messieurs, le second pas de ce héros vers l'empire !

Mais avant de le voir débarquer, arrêtons un

moment nos regards, messieurs, au temps de son séjour en Egypte. Il y porte son génie, il fonde l'institut du Caire, habitue ses cavaliers à monter le dromadaire; il dit à l'Arabe : « Il n'y a d'autre » Dieu que Dieu, et Mahomet est son prophète! » Cette apostasie, que les hommes sans Dieu appellent sage politique, m'est un sinistre présage des fins de ce conquérant. Puis-je, avec ses enthousiastes, le croire Chrétien, quand je sais qu'il servirait Mahomet dans l'Orient, et Brama dans l'Inde! Puis-je voir autre chose que des fins de conquête et de despotisme, dans un homme si prompt à se vêtir des livrées de chaque peuple ! puis-je voir, dans la façon dont ce prince traite toutes les religions, qu'une indifférence, ou plutôt un mépris égal pour toutes !

Il triomphe, il traverse les déserts, il commande à la soif et à la peste..... à la peste : car il touche du doigt les plaies de ses soldats mourants. Ce trait d'héroisme, dans tout autre homme, n'est peut-être chez celui-ci qu'un calcul de cette forte tête, soutenu d'une certaine confiance dans son étoile ! Car si je viens de dire qu'il est homme sans religion, ai-je dit qu'il fut homme sans superstition? Qui ne sait que plus d'un esprit fort craint les fantômes et consulte les devineresses! Il y a dans celui-ci, comme dans tous les hommes, l'assemblage des contraires; et si la force de son génie l'a élevé au-dessus de nous, la superstition l'en rapproche. J'oserai donc le croire : oui, ce trait prodigieux est une pensée de sa tête, et non un élan de son cœur.

Il triomphe et de la cavalerie des Arabes qui harcelle sa petite armée, et du soleil qui la dévore, et de la fraîcheur des nuits qui la décime; il va toujours; et sans doute bientôt maître de la Grèce et de Constantinople, nous l'aurions vu souverain de ces contrées, si c'eût été par l'empire d'Orient qu'il eût dû gouverner le monde... Mais c'est à l'église de Paris qu'il doit prendre la couronne de Charlemagne; celui qui l'ordonne pour notre enseignement, va l'arrêter devant une bicoque.

Il arrive aux murs d'Acre; trois fois il tente l'assaut, trois fois il est repoussé; presque tous les siens tombent autour de lui : il a beau s'étonner de trouver un obstacle, il a beau s'irriter de cet outrage, son génie cette fois ne lui sert de rien; cette fois, la main de celui qui l'élève est contre lui ; il faut céder et lever ce siége. Vous pourrez remarquer, messieurs, que ce fut un Français, jadis son compagnon d'études, qui fut choisi pour lui faire subir cet affront, afin que lui-même, s'il n'est aveugle, reconnaisse dans son cœur d'où lui vient sa force, à qui sont dus ses triomphes. Y a-t-il, messieurs, un seul fait de cette histoire qui ne nous donne une preuve de cette incapacité invincible où est l'homme, de rien faire de grand par lui-même ?

Mais laissons avec lui ses soldats en proie à toutes les misères ; suivons la voile qui emporte ce déserteur des drapeaux. Toute la mer est couverte d'Anglais ; aucun bâtiment ne sort impunément, le sien même est bientôt suivi et ne saurait échapper. Mais que peuvent les dominateurs de la mer contre ce vice-roi du monde ; le Roi n'est-il pas là haut qui le protège ? Un brouillard enveloppe sa frégate et la suit fidèlement jusqu'au port : il débarque..... Il débarque ! et d'un bout à l'autre de la France, s'élève le cri... *Buonaparte ! Buonaparte !* Le bruit en arrive à Londres comme à Paris ; sa route, du port à cette capitale, est une longue marche triomphale, que jamais mortel ne connut, et que lui-même ne doit plus revoir. Les peuples se portent sur les chemins; royalistes et républicains, tous ont suspendu leurs discords, et, d'un commun concert, bénissent ce sauveur. Il arrive, et ce directoire jaloux, qui ne lui doit que des chaînes, le flatte et l'accueille! Tant de causes cachées peuvent retenir les hommes les plus livrés à leurs passions, dans les passions extrêmes.

Le directoire voit les desseins de l'audacieux, et, comme frappé d'enchantement, il le laisse tramer sa ruine; docile, il attend avec patience le jour fatal. Il arrive, ce jour; Buonaparte est à St.-Cloud, il faut l'y suivre, messieurs, et l'observer, quel que soit notre avenir. Ce jour sera fameux dans notre histoire. Il vient jurer obéissance et fidélité à la constitution, et là il s'écrie : *il n'existe plus de constitution !* A ce mot, l'orage gronde dans l'assemblée, les têtes s'exaspèrent, des cris partent, et bientôt des poignards brillent... Il veut ramener le calme, il essaie de parler; mais l'éloquence des assemblées lui manque, et là, hors de sa sphère, il n'est qu'un homme vulgaire. Les cris redoublent, déjà on le presse, le soldat même hésite et chancelle; il va succomber... Mais, ô

destinée ! ce jour-là même, préside l'assemblée un
frère du conspirateur, à qui le ciel donna, comme
à lui, le courage de l'esprit, et de plus cette éloquence qu'il refuse à l'autre. Ce frère s'élance,
monte à cheval, harangue les soldats, les entraîne
vers l'assemblée, en chasse les adversaires, rétablit la fortune de son frère, et le salue consul.

Eh bien, messieurs, dans ce que nous venons
de voir, où était le génie de l'homme, si la Providence lui eût manqué ? Ne l'entendîtes-vous pas
alors, cette Providence, vous dire : « Mortels !
» voici le maître que je vous donne : c'est un
» homme faible, et qui connaît la crainte comme
» vous. Voyez-le chancelant et pâle : il monte
» au trône !... Mais je lui prêterai la force du lion
» et la vitesse de l'aigle : car à cet autre Nabu-
» chodonosor, il a aussi été donné de tromper les
» peuples et de prévaloir contre les Rois. »

Vous savez, messieurs, si cette volonté s'est
exécutée ; chaque jour, depuis ce jour du 18 brumaire, vous avez vu croître ce colosse, et je n'au-
rais ni assez d'haleine, ni des paroles assez reten-
tissantes, pour dire toutes les gloires de ce serviteur du destin. Toutefois il est de ma tâche de

vous montrer encore, dans les principaux faits de cette vie, le merveilleux qui y est attaché; je n'abuserai pas de votre attention; je m'en vais dire promptement, pour achever d'établir cette vérité: voilà l'homme des destinées.

Il établit le gouvernement consulaire, se donne en apparence deux associés à l'empire, semble d'abord ne vouloir être qu'un magistrat temporaire, et par cette ruse, n'irrite pas trop les républicains, tandis qu'il laisse aux autres un espoir qu'il ne tardera pas à réaliser. Il fonde sa puissance avec une sagesse et une activité dont on ne saurait trop s'étonner, si on ne voyait que l'homme; il assemble les éléments les plus hétérogènes pour construire son édifice; Guelfes et Gibelins, tout lui sert; il isole les chefs de parti, déplace les agioteurs, et donne à leur activité malfaisante une direction utile à ses fins; il use de tous, et n'épouse personne : en cela, je le répète, il montre une science de l'homme et du gouvernement bien prodigieuse; mais, malgré tout son art, l'observateur aperçoit son profond mépris pour tous les hommes, et en gémit.

Bientôt une grande armée autrichienne inonde

les plaines de l'Italie, et nous menace; il quitte l'organisation de son état, rassemble à la hâte quelques bataillons, traverse les Alpes. Il est en présence du général ennemi, que celui-ci traite encore de rêveurs ceux qui viennent lui dire : il faut combattre, il est là ! Toute l'armée française n'a pu suivre la vîtesse de son chef, et cependant il faut combattre aux plaines de Marengo. La bataille s'engage, se dispute avec fureur; déjà son armée, inferieure en nombre, ploie; deux heures, peut-être, et il est vaincu. Mais un de ses lieutenants, qui à son ordre est accouru, arrive, rétablit sa fortune, lui donne la victoire, et reçoit la mort ! Est-ce encore au seul génie de l'homme qu'est dû ce triomphe? L'ennemi, consterné, capitule; onze places fortes tombent au même instant, l'Italie est reconquise. N'aperçoit-on pas, planant sur la tête du vainqueur, non ce fantôme que les insensés appellent fortune; mais cette irrésistible puissance dont le sage bénit les coups, et qui, lorsqu'elle le veut, fait tout fléchir devant un homme ministre de ses volontés ?

Je passe, messieurs, et des faits d'armes qui seraient toute la renommée d'un autre général, et des établissements de magistrature et de législation, qui feraient un autre législateur ; je ne vous montre pas ici cet habile politique, chaque jour s'élevant d'un degré, et chaque jour aussi rabaissant de même ceux qui naguère étaient les compagnons ou les instruments de sa fortune. Comment parler de cette conduite !....Voyez tous ces généraux ; ils se demandent s'il est vrai que cet homme soit sorti de leurs rangs ; ils passent du respect à la crainte, et de la crainte à une admiration presque servile.

Je n'essaierai pas davantage de dévoiler ici quelques-uns des ressorts cachés avec lesquels il mine sourdement les trônes ; je ne veux m'attacher ici qu'à des faits connus de tous ; et d'abord j'arrive à cet appel au peuple, pour lui demander le consulat à vie. Le résultat n'était pas douteux ; et dans cette hypocrite soumission, la suite a fait voir le double dessein de tromper l'aveugle multitude, et de connaître ceux qui dans leur ame étaient encore ennemis du pouvoir d'un seul ! d'avoir un registre où chaque fois il pût à l'avenir consulter la pensée politique de l'homme qui se présenterait pour remplir une charge. Impénétrable pour l'homme qui ne juge que le moment, le plan de ce consul est si bien lié, si conséquent, que tout homme qui calcule en juge les dernières parties par les premières. Que deviennent, en un an, et le corps législatif, et le sénat conservateur de sa constitution? que devient la république ! le nom même en va bientôt disparaître ; chacun se dit : il va se faire Empereur ! long-temps ce bruit circule, il s'augmente, et le jour où se fait cette révélation ne trouve plus personne en France qui s'en étonne : car c'est là, messieurs, un des mérites de ce politique, de se hâter, sans jamais rien précipiter : en lui, chaque pensée marche à son développement par une activité constante et uniforme, et quand elle donne son fruit, quand l'événement éclate, il est mûr ! Toujours, hors une fois peut-être, vous trouverez, messieurs, dans les combinaisons de cette vaste tête, ce jugement héroïque, dont je suis convenu qu'elle était douée.

Le grand jour arrive enfin, la grande pensée est mûre ! le sous-lieutenant est Empereur ! Salut, et trois fois salut ! C'est pour toi que la foudre frappa Louis XVI ; c'est pour te balayer les avenues du Louvre et te faire la place nette, que la faux de l'anarchie s'est promenée sur toutes les têtes élevées ; c'est pour te faire le désiré de la France, que le directoire foule le peuple, dissipe les trésors et proclame la loi des otages : tu profites des fautes des uns, des crimes des autres, des malheurs de tous ; un siècle prépare ta venue, un jour fonde ta puissance. Salut, Empereur ! fléau de Dieu, salut !

Quelle fortune, quel éclat, quelle puissance ! Comment, faibles que nous sommes, allons-nous résister à cette suite de prodiges ? Aussi , quel chemin nous faisons dans les voies de l'esclavage et de la flatterie ! que nous justifions bien le mépris qu'il fait de nous ! Mais l'éternelle bonté, qui ne nous laisse jamais sans avertissement, va bientôt nous en donner un bien grand, pour arrêter l'idolâtrie ! un moment elle arrête et détourne la prudence de ce politique, paralyse le jugement de ce monarque, laisse agir en lui le génie du mal, l'esprit de ténèbres, et bientôt.... Mais pourquoi des paroles ! méditons dans le silence cette haute leçon.

Toujours, messieurs, nous trouverons de telles

taches chez ceux qui sont grands selon le monde ;
Dieu le permet, pour que nous reconnaissions
qu'ils sont faibles et méchants comme nous ! Et
cette fois, plus l'homme nous semblait grand, plus
il a permis que la tache fût visible à tous les yeux...
Un homme si mesuré, sortir ainsi de toutes les me-
sures ; un homme si maître de lui, s'abandonner
ainsi ; une tête si judicieuse, commettre une telle
faute ! Non, messieurs, cette action même ne lui
appartient pas plus que ses plus grandes actions !
le génie du mal agissait en lui cette fois, comme
celui de tout bien dans les autres. Ennemis, vous
avez tort de lui imputer tout ce crime ! enthousiastes, voyez votre demi-dieu !

Aux hommes du torrent il faut des raisons purement humaines, je le sais : aussi l'historien qui
ne verra que des ressorts humains, dira que par
ce coup il voulut rassurer à jamais ses créatures,
prouver qu'il faisait divorce avec les restes de la
race royale, et peut-être même sonder sa puissance, dont alors lui-même ne savait pas assez
toute la profondeur. Je ne nie aucun de ces calculs ; mais ils ne furent que causes secondes ; et
quoi qu'il en soit, il n'en demeura pas moins

l'agent d'un pouvoir supérieur, et le révélateur de lui-même.

Ce coup retentit au loin, il double les forces et les prétextes de ses ennemis; guerres et conspirations en redoublèrent; mais il triomphe et des armées et des conspirations! un cocher ivre le sauve d'une explosion infernale; et d'autres conjurés trahis tombent entre ses mains! Là il donne de nouvelles marques de ce mélange de bon et de mauvais, dont se composent tous les hommes : il est injuste, il est clément.

Je croirais vous faire injure, messieurs, si je m'appesantissais sur des faits qui, maintenant que votre attention est fixée, vous prouvent si bien la protection et les desseins de la Providence sur cet homme choisi par elle pour punir l'Europe; allons donc plus rapidement.

Une nouvelle coalition se forme; mais un accord unanime pourrait seul la faire réussir, et l'unité peut-elle être dans ce qu'on appelle coalition! Les rois, qui ont un si grand intérêt à s'unir, et qui devraient n'avoir qu'une pensée, en ont tous deux : la haine de celui-ci, et la haine de chacun de leurs alliés. Aux champs d'Austerlitz, il abat la maison d'Autriche, renvoie le Russe dans ses déserts, en présence du Prussien, qui, frappé d'aveuglement, demeure spectateur d'une victoire qui lui ôte tout espoir de lutter, tout en faisant des démonstrations hostiles qui suffisent pour justifier les prétextes de guerre du conquérant. Cette aveugle démence de tous les rois, cette faiblesse où il faut de la force, et cette force employée à contre-temps, est une preuve si éloquente des volontés célestes, que je n'ai pas besoin de m'y arrêter. Le plan du dominateur est si clair, que le dernier bourgeois des villes prédit à Austerlitz la chute de la Prusse, à Jéna, celle de l'Espagne, et à la junte de Bayonne, la ruine de l'empereur de Vienne. Chacun voit se dérouler ce plan si juste et si bien calculé, qu'il est aujourd'hui plus aisé de dire où il ira, qu'où il s'arrêtera. Seul chef politique du continent européen, voilà une pensée de cette tête ; elle en enferme une seconde, plus grande, plus difficile, messieurs !.... Plus difficile, dites-vous ! car votre silence me répond mieux que ne feraient vos paroles ! Oui, messieurs, plus difficile. Mais avant de passer à cette partie du plan, achevons de parler de la première.

Certes, messieurs, ce qui reste à faire ne mé-rite pas la peine d'être compté pour un obstacle: vous voyez le roi de Hollande connétable de ce monarque, le roi d'Espagne est son électeur; celui de Naples, son amiral; celui de Westphalie, un de ses petits officiers; l'Italie est son domaine, les états du Rhin sont sous sa protection; et bientôt vous verrez le roi d'Autriche son chancelier, le roi de Constantinople son panetier, et celui de Prusse son écuyer. Dites, messieurs, est-il un de vous qui révoque en doute ce qu'ici j'avance? suis-je un romancier?

Tant de succès ne sont pas d'un homme, mes-sieurs; mais écoutez avez moi, écoutez le prince des orateurs chrétiens : « Quand ce grand Dieu » a choisi quelqu'un pour être l'instrument de » ses desseins (dit-il), rien n'en arrête le cours : » ou il enchaîne, ou il aveugle, ou il dompte » tout ce qui est capable de résister. Je suis le » Seigneur, dit-il par la bouche de Jérémie; c'est » moi qui ai fait la terre, avec les hommes et

» les animaux, et je les mets entre les mains de
» qui il me plaît : et maintenant j'ai voulu sou-
» mettre toutes ces terres à Nabuchodonosor,
» roi de Babylone, mon serviteur. Il l'appelle
» son serviteur, quoique infidèle, à cause qu'il
» l'a nommé pour exécuter ses décrets. Et j'or-
» donne, poursuit-il, que tout lui soit soumis,
» jusqu'aux animaux. Tant il est vrai que tout
» ploie et que tout est souple quand Dieu le com-
» mande ! (Mais écoutez la suite de la prophétie.)
» Je veux que ces peuples lui obéissent, et qu'ils
» obéissent encore à son fils, jusqu'à ce que le
» temps des uns et des autres vienne. Voyez,
» Chrétiens, comme les temps sont marqués,
» comme les générations sont comptées. Dieu dé-
» termine jusqu'à quand doit durer l'assoupis-
» sement, et quand aussi se doit réveiller le
» monde. » — Ainsi parle Bossuet, messieurs !....

SECONDE PARTIE.

Si c'est une maxime vraie de tous les temps,
messieurs, qu'à l'œuvre on peut juger l'ouvrier, la
connaissance de l'ouvrier peut également servir
à faire voir le but de l'œuvre ; et dans le sujet qui

nous occupe, le but lui-même n'éclate que trop dans les détails, à mesure que l'œuvre avance. Si l'envoyé du destin est sans dieu, peut-il venir, messieurs, pour rétablir la religion ? S'il est sans mœurs, doit-il rétablir la morale ? S'il détruit les liens qui attachent les peuples à leurs princes, à sa mort, l'empire fondé par lui sera-t-il le centre d'union de tous ? Enfin vient-il, ce serviteur du destin, pour arrêter en Europe les ravages du temps, ou pour chasser de cette terre la paix et la liberté, filles de la religion ? Voilà, messieurs, sur quoi vous avez voulu que je parle : je vais donc continuer ; et si dans les faits déjà cités vous avez eu la preuve que Dieu a fait de ce prince son ministre, dans ceux que je vais à regret vous rappeler, vous reconnaîtrez, avec douleur, qu'il l'a fait ministre de vengeance et de mort.

Vous avez vu, messieurs, Buonaparte prendre sur l'autel la couronne de Charlemagne, et la poser sur sa tête : Pie VII était là ; en sa vieillesse il avait traversé les Alpes et bravé les frimas, pour venir lui donner l'onction sainte ; animé sans doute du désir de rendre la France à la reli-

gion, il étend les mains sur le soldat couronne.....
De quelle reconnaissance l'empereur ne paiera-
t-il pas ce service ! de quels honneurs il va récom-
penser cet honneur ! sans doute nous l'allons voir
reconduire lui-même au pied des Alpes, cet hôte
illustre ! Portons nos regards vers le Vatican ;
allons admirer le présent qui va relever l'éclat de
la thiare !.... Mais où est la thiare ? où est Pie VII
lui-même ? N'est-il pas de retour ? atteint de
quelque douleur en sa route, est-il souffrant dans
une ville étrangère ? ou bien une avalanche, des-
cendue de quelque sommet des Alpes, a-t-elle
englouti sa pompe triomphale?.... Ah ! que l'empereur souffrirait de ce désastre! qu'il sentirait,
à cette nouvelle (dans l'impuissance de réparer
ce malheur), la vanité de son titre et de son pouvoir !.... Mais que vois-je ? cet habit militaire est
celui d'un général français ! Rassurons - nous ;
chargé sans doute par son maître d'accompagner
le pontife, il le précède au Vatican. Mais pourquoi Pie VII ne paraît-il pas ? où sont les princes
de l'église, qui doivent l'attendre ? Je ne vois que
des panaches et des baudriers....; le palais n'offre
rien de la demeure paisible du chef de la reli-

gion ; tout a un air de guerre et de conquête. Quittons ce lieu ; le pontife, sans doute, est au pied des autels, à rendre grâces à Dieu du succès de son pénible voyage.... Quel drapeau flotte au haut du Capitole?.... Si mes yeux ne m'abusent, voilà les couleurs françaises ! Romains, où est votre pasteur?.... Ils se taisent.... ; les temples sont déserts, le roulement des tambours et la trompette ont succédé au bruit des cloches. Romains, où est votre pasteur ? Ils ont répondu ; et dans Savone j'ai vu le vicaire de Jésus-Christ ; il a repoussé l'or qu'on lui offre, et reçoit de la piété des fidèles le pain de l'aumône.

Théophile avait peine à parler ; il était fortement oppressé.

Pardonnez, messieurs ! on garde mal-aisément le calme, lorsqu'on reporte son esprit sur des faits tels que ceux qui viennent chaque jour nous surprendre ; il faudrait être ou tout-à-fait incapable de sentir, ou pouvoir, comme les esprits qui planent au-dessus de notre triste terre, regarder nos agitations sans que le repos céleste en soit troublé ; encore ai-je bien de la peine à croire que ces habitants des hautes régions ne jettent pas

chaque jour sur nos misères un regard de pitié :
ils cherchent sans doute à faire parvenir jusqu'à
nous leurs douces et salutaires influences ; mais
les passions qui assiégent nos cœurs les écartent,
et, dans leur impuissance de nous faire ces anges
de paix, invoquent pour nous l'Eternel.

Si Pie VII a reçu ce prix de l'onction qu'il a
donnée, cherchons parmi les rois ceux qui ont
servi la cause de l'empereur. Un seul, le roi d'Espagne, soit amitié, soit crainte, épuisa constam-
ment pour lui son état d'argent, et ses ports de
vaisseaux. De quoi lui servirent ce zèle et ce
soin ? vous le savez, messieurs. Mais en suivant
l'ordre des faits, rappelons-nous cette paix de
Tilsit, et cette entrevue plus étonnante de deux
empereurs ; le monde crédule en espérait la paix.
Essaierai-je, messieurs, d'expliquer cette con-
férence, sur le but de laquelle le mystère règne
encore ? Ce mystère est-il donc bien difficile à
percer ? Pour lever ce voile, il suffit de juger les
deux hommes, et de les mettre en présence.
« Alexandre, lui aura dit Buonaparte, le temps
» de l'équilibre de l'Europe est passé ; tous les
» trônes sont vieux, tous les souverains trop fai-

» bles pour assurer le repos du continent ; il faut
» qu'il soit désormais partagé en deux grands
» empires : soyez le souverain de celui du Nord ;
» autour de nos deux trônes viendront se ranger
» tous les princes , à qui nous confierons des pro-
» vinces. C'est pour ce glorieux partage que j'ai
» désiré vous voir : réglons ici nos limites , la
» chose est aisée ; faisons voir au monde le spec-
» tacle de deux empereurs également puissants ,
» qui , réunis par l'amitié , assurent la paix de
» l'Europe. Votre commerce souffrira de la guerre
» avec l'Angleterre , et vos seigneurs en murmu-
» reront....; mais je vous cède une partie de l'em-
» pire turc , et la Grèce entière.... Nous irons , si
» vous le voulez , conquérir dans l'Inde les ri-
» chesses et la puissance de l'Angleterre. Soyez
» supérieur aux petites vues de vos conseillers !
» vous êtes fait pour régner par vous-même. En-
» trons donc franchement ici dans le détail de
» l'entreprise , et traitons directement cette
» grande affaire. Mais point de confidents qui
» puissent vouloir en partager le mérite ! qu'au
» sortir de ce cabinet, vos Russes et mes Français
» ne voient que notre union. » Séduit par ces

offres, Alexandre aura sans doute embrassé, avec la chaleur d'un jeune homme, cette insidieuse alliance ; le profond politique l'aura conduit où il aura voulu. Alexandre ne voit que les deux empires ; il pense que si, dans l'histoire de l'époque, il n'est pas le premier, au moins il sera le seul après le premier : et le bourgeois de nos villes voit que le jour où ces deux empires existeront seuls, sera la veille de celui où il n'y en aura plus qu'un. De quoi se flatte Alexandre, s'il voit aussi loin que nos bourgeois ? Pense-t-il qu'alors il saura tenir en ses limites ce voisin qu'il se sera fait ? Il s'en flatte peut-être ! Nouvelle preuve, messieurs, de cet esprit de vertige dont il a plu au ciel de frapper les rois.

Porterai-je votre attention sur la malheureuse Espagne ! Les causes des événements de Madrid et de l'Escurial sont encore entourées d'ombres ; mais pourtant, qui n'a reconnu la main qui renversa ce trône ? Le père et le fils, qu'on a su armer l'un contre l'autre, se laissent abuser et viennent se livrer ; ils signent un traité par lequel ils donnent les Espagnes pour le château de Compiègne, et celui de Navarre qu'ils ne doivent pas même

garder un an ; ils abandonnent des sujets fidèles....
Cependant Buonaparte appelle un de ses frères
qui régnait à Naples, et l'envoie pour régner en
son nom sur ces nouvelles provinces; mais il ne
tarde guère à connaître ce que peut un peuple
qui ne veut pas qu'on l'opprime. Je laisserai à
l'histoire le soin d'éterniser la mémoire de cette
guerre, et la généreuse défense des Espagnols!
La Romana, Cretta, et toi, Palafox, défenseur de
Saragosse, vos noms brillèrent dans cette triste
époque; l'équitable histoire vous vengera de l'in-
souciance de vos lâches contemporains.... Vous
sauverez l'honneur de la vieillesse de l'Europe,
avec les d'Elbé, les d'Autichamp, les Scepeaux,
les Bonchamp et leurs Bretons; sans eux, et vous
Espagnols! le courage et la vaillance n'auraient,
depuis vingt ans, servi que les destructeurs ou les
tyrans !

Nous cherchons, messieurs, dans l'œuvre de
l'homme du destin, le caractère de sa mission, et
déjà vous avez vu par le sort du Pape, et par celui
du roi d'Espagne, si ce que nous autres hommes
du commun appelons vertu, est la règle de conduite de ce potentat; encore quelques exemples.

L'Allemagne, humiliée et dévastée, venait de
faire un généreux effort pour sortir de l'abaissement : elle commence par quelques succès ; mais
avec la rapidité de l'éclair, le héros arrive et ren-
verse les nombreux bataillons de l'Autrichien ; il
rentre une seconde fois dans Vienne. Une fois
seulement, près du Danube, la fortune semble
l'abandonner ; mais cet événement même est une
preuve nouvelle que le ciel nous donne de sa volonté constante à assurer l'empire à ce conquérant : l'Autrichien, ce jour même, ne sait pas
vaincre, et bientôt aux champs de Wagram Buonaparte tonnera sur son armée et la chassera devant lui. La guerre est suspendue, toute l'Europe
est dans l'attente.... On proclame la paix ; chaque
habitant de nos villes en lit les articles avec sur-
prise...Quelle modération ! l'empereur d'Autriche
rentre dans sa capitale.... On ne lui prend que
trois millions de sujets ! et cependant chacun se
rappelle qu'au commencement de la campagne,
Buonaparte avait promis à la Bavière la destruction de la maison d'Autriche. Le traité ne paraît
donc aux uns qu'une preuve de l'impuissance de
réaliser cette promesse ; les enthousiastes, au

contraire, vantent la clémence du vainqueur; personne ne voit encore quel est le prix dont François vient d'acheter la paix..... Mais bientôt un bruit sourd de divorce, de mariage, circule de nouveau en France: ce bruit avait long-temps régné ; mais, étouffé par des réfutations publiques, peu de gens croyaient encore à ce qu'il annonçait.... Un matin, le peuple de Paris apprend, par un arrêt du sénat, que le mariage de l'empereur est dissous. *L'Empire vainement demande un héritier !* voilà quelle est la raison donnée. Le fils de la répudiée, qui ce jour est venu prendre place au sénat pour la première fois, dit que *les larmes de l'empereur suffisent à la gloire de sa mère......* Ainsi descend du trône, celle à qui Buonaparte dut le moyen de sa fortune.

Quelle est celle qui doit venir prendre la place vide, et donner des Césars à cet Auguste?...... La voix publique nomme aussitôt plusieurs princesses : les uns désignent une sœur d'Alexandre, d'autres une fille du roi de Saxe ; on en nomme d'autres encore..... ; mais enfin le secret est publié : c'est une Autrichienne qui est la préférée...

Oui, c'est une Autrichienne, fille de Marie-Thé-
rèse, nièce d'Antoinette et de Louis XVI, fille
enfin de ce prince que Buonaparte a nommé le
plus faux des souverains. On doute un temps de
la vérité de ce bruit ; la grandeur et la bassesse
de la nouvelle empêchent également qu'on y
croie; on ne sait lequel admirer le plus, ou de
celui qui fit la demande, ou de celui qui l'ac-
cueillit.. .. Quelques simples cependant bénissent
cette union, comme le gage d'une paix durable;
ceux qui pensent, ne savent où se prendre ! Que
Buonaparte décrète que l'aîné de ses fils portera
le titre de Roi des Romains ; que celui qui por-
tait ce titre lui donne sa fille ; qu'un homme, fils
d'un concierge, vienne au nom d'un autre qui
n'était, il y a quinze ans, qu'un simple officier,
demander une fille de cette maison d'Autriche si
fière; que cet envoyé siége à la table de l'empereur, à l'égal des princes ses frères, on ne re-
marque plus la fortune de ce soldat, ni l'orgueil
humilié de ces princes Lorrains. Que le plus cé-
lèbre des archiducs aille au pied de l'autel re-
présenter le fléau de sa maison, son propre vainqueur, et reçoive de sa nièce, fille des Césars,

4..

le serment qui la livre à ce conquérant; de telles choses aujourd'hui sont trop petites pour être remarquées! Que les vases, présents offerts par l'ambassadeur français, pour être l'ornement de la chambre de la fiancée, représentent Ulm et Vienne prises, on ne fait que sourire de cet à-propos! bien d'autres contrastes attendent l'épouse à son arrivée. La voilà qui traverse la France; elle arrive en toute hâte : telle vint aussi de l'Autriche cette dauphine si désirée, et dont les premiers jours de règne furent si brillants. La gazette alors, en racontant les acclamations des peuples, était historienne fidèle. En votre long voyage, Louise, avez-vous eu cette pensée ? Aux jours de votre enfance (sans le savoir, il est vrai), vous avez porté le deuil d'Antoinette ; mais dès que votre raison put commencer à se développer, vous avez appris nos crimes et les malheurs d'une race royale qui vous tenait de si près : quand l'auguste orpheline parut à Vienne, qu'elle devait croire son asyle, si la froide réception de votre père lui mérita du ciel le châtiment qui le force aujourd'hui à son tour de livrer sa fille au soldat qui l'humilie, vous dont le jeune cœur

s'ouvrait alors, et qui sans doute n'était pas encore imbu de la morale des rois, vous sentîtes
quelque peine en voyant la pâleur et le deuil qui
couvraient le front de cette jeune princesse.
Alors qu'elle vous serrait dans ses bras, en priant
le ciel de ne pas rendre votre destinée pareille
à la sienne, sans en bien démêler la cause,
les douces étreintes de l'orpheline vous attachè-
rent à elle.....; et depuis, quand la douleur vint
visiter aussi le palais de votre père, quand lui-
même fut forcé de fuir, et de vous sauver des
mains du vainqueur ; sans doute, Louise (si
la religion, comme on l'assure, présidait à l'édu-
cation que vous receviez) votre gouvernante, pour
vous apprendre à porter votre peine avec dignité,
vous aura parlé des malheurs de Louis XVI, plus
grands que ceux de votre père; alors, sans doute,
vous fut contée la tragique histoire... : vous pleu-
râtes, Louise, sur ce roi, sur sa femme, sur sa
sœur ; on vous lut peut-être le récit de Cléry,
vous vîtes au frontispice la tour du Temple ; votre
père lui-même, pour relever votre courage, a dû
vous donner le testament du prince qui fut votre
parrain, qui vous donna son nom ; vous étiez

alors en état de comprendre ce testament, Louise, et de l'admirer! Ces souvenirs vous ont-ils échappé? Ne viennent-ils pas vous troubler un peu dans votre route? Distraite par le bruit sans cesse renaissant de ces peuples dont l'œil curieux vient vous chercher, la réflexion peut-être n'a pu trouver place en votre esprit; mais que je redoute pour vous le moment de l'arrivée!..... En quel lieu allez-vous descendre, Louise? sans doute en une solitude, pour éviter, au moins pendant quelques jours, des images trop vives...... Mais, que dis-je! on ne vous laissera point cette liberté : il vous faut aller chercher votre maître où il lui plaira de vous attendre..... Quel est donc le lieu qu'il a choisi?.... j'ai peine à le dire !....... Quoi! c'est à Saint-Cloud qu'il veut que vous alliez vous reposer.... Ah! vous l'aurez prié de vous épargner cette douleur..... Saint-Cloud, vous ne pouvez l'ignorer, fut la maison de plaisance et le domaine particulier de cette reine dont vous venez prendre la place; votre sommeil en ce lieu pourra-t-il être bien calme? Pauvre jeune princesse ! vous apprenez dès l'abord à faire l'épreuve que les reines peuvent souffrir! Et la nuit de votre arrivée, quand

cette foule où vos yeux ne pouvaient trouver un
visage qui leur fût connu, se fut écoulée ; quand,
seule en votre chambre, vous fûtes libre enfin un
moment, quelles furent vos pensées ! Ah je crains
qu'alors, en votre veille, l'ombre d'Antoinette
ne soit venue s'offrir à vos yeux épouvantés !
« Louise, que viens-tu faire ici ? regarde-moi....
» Je fus reine aussi ! avant toi dans ce palais j'ai
» reçu des respects et des vœux ; tous mes jours
» étaient des jours de fête et de triomphe ; je
» triomphais comme reine, je triomphais comme
» femme ! Lève la tête, Louise, et regarde-moi !...
» Tu n'oses...., pauvre infortunée ! Sais - tu ce
» qu'est un trône au temps où tu vis ?..... Lève les
» yeux, Louise! Je ne viens pas t'accuser : tes pa-
» rents t'ont vendue pour un repos qu'ils n'auront
» point ; ma fille, l'heure de notre maison est
» venue : celui dans les bras duquel tu passeras
» demain, et qui veille dans ce palais, est envoyé
» du ciel pour punir les rois et ton père, qui ont
» vu d'un œil sec la chute de Louis et de mon
» fils ! Pauvre victime ! le ciel t'inflige une ter-
» rible tâche : va la subir ! couronne - toi des
» diamants qui ornèrent mon front ; ils n'écar-

» tent pas les soucis, Louise ! Va au Louvre, ta
» pompe est prête ! Prends courage, ma fille : il
» t'en faudra sur la route, à l'autel, sous le dais.....
» Va !.... moi je tâcherai de t'éviter. »

Je ne vous ferai point, messieurs, le détail de
cette journée du mariage : malgré notre légèreté,
il n'est aucun de nous qui n'ait compris cette
grande leçon sur l'instabilité des choses humaines,
et la vanité des grandeurs. Qui de nous, en effet,
lorsqu'en ces années de deuil on inscrivait sur les
murs des Tuileries que la royauté était abolie
pour jamais ; qui de nous eût pensé qu'elle se re-
lèverait dix ans après, et que, bien plus, la première princesse qui viendrait régner sur la France
serait une Autrichienne, nièce de celle qu'on venait d'immoler ? Oh ! que l'histoire de notre âge est
pleine d'enseignements ! Nous n'avons pas besoin,
comme nos pères, de rapprocher les siècles pour
trouver les preuves de la chute des empires et
des bouleversements d'etats ; vingt années de notre
vie seront plus instructives pour nos neveux, que
tous les temps écoulés. Je n'insisterai donc pas
sur cet événement du mariage, ni sur une foule
de remarques qui dans un autre temps paraî-

traient assez curieuses. Convaincus, je l'espère,
que l'homme qui règne sur nous est l'homme des
destinées, vous ne serez point surpris, comme le
peuple, si le jour de ce mariage le ciel parut s'é-
claircir pour laisser passer son cortége, quand,
les jours précédents, comme ceux qui suivirent,
furent des jours pluvieux et tristes : tant que la
mission de cet homme durera, tout favorisera le
fléau de Dieu. Ce qu'il est ici de mon sujet de
vous faire apercevoir, ce sont les intentions mo-
rales de ce serviteur du destin ; c'est aussi sur ce
point que j'insiste.

Quelques mois avant ce mariage, Buonaparte
avait appelé l'empereur François le plus faux des
souverains ; étrange manière de se préparer à demander la main de la fille de ce prince. Ne re-
trouvons-nous pas dans cette conduite, le plaisir
qu'on lui voit mettre à montrer son mépris pour
les hommes, à avilir même ceux dont il s'entoure ?
Ce dessein se retrouve dans le choix qu'il fait du
palais de Saint-Cloud pour lieu de repos de la
fiancée ; dans l'ordre qu'il donne au fils de la répudiée, d'aller prendre place au sénat pour y
concourir à l'acte qui va chasser sa mère du

trône ; dans celui qu'il donne à la fille, de porter le manteau de la nouvelle impératrice jusqu'au pied de l'autel….. ; mais ce mépris, ce besoin d'avilir, éclate encore avec bien plus de force dans cette volonté de faire passer le char de Louise, à son entrée, sur la place même où périrent ses parents. S'il eût voulu montrer quelques égards pour cette nouvelle épouse, ne pouvait-il, sans nuire à ses desseins, faire avant la fête du triomphe une fête expiatoire? Ne pouvait-il, par des honneurs et des emplois lointains, écarter des yeux de Louise les juges de Louis? ne devait-il pas même ce simulacre de piété à ses peuples, à sa politique, à lui-même? Non, il faut que chacun sache le mépris qu'il fait de tous : si nous interrogions ceux de ses courtisans qu'il favorise le plus, il n'en est guère, s'ils osaient être sincères, qui n'avouassent qu'il fait acheter bien cher sa faveur et ses dons.

Tous les faits de cette vie donnent des preuves du même genre. Vous m'épargnerez, messieurs, de vous citer beaucoup d'autres exemples : ils ne viendront que trop s'offrir à votre esprit; un seul encore…., et le plus récent de tous.

Dans la distribution des peuples faite à chacun des siens, il avait donné les Bataves à l'un de ses frères ; mais ce frère, d'un caractère assez doux, paraît mal servir ses desseins contre l'Angleterre ; il ne peut se résoudre à faire mourir de faim des peuples que la mer seule peut nourrir, et, se relâchant des ordres sévères qu'il a reçus, il ferme les yeux sur un commerce clandestin, qui seul peut donner à ses sujets le moyen de supporter les impôts dont ils sont chargés. L'empereur s'en indigne ; et dans un discours au corps des législateurs, l'un de ses ministres dit que *la Hollande est nécessaire au système de l'empire, qu'elle en est une partie naturelle...* On attend donc cette réunion ; mais quelques mois après, un nouveau traité rendu public nous apprend que l'empereur, moyennant des cessions, consent à laisser régner son frère, et promet de le protéger. Peu de mois après, ce roi, qui probablement n'a pas cette force d'ame qui rend les héros insensibles aux misères des hommes, voyant qu'il ne peut rien obtenir de son frère, et qu'il est hors d'état de soulager les Bataves, leur annonce publiquement qu'il descend du trône, et qu'il laisse, selon

les constitutions, la couronne à son fils sous la
tutelle de la reine. Le bruit en arrive à Paris, et
sur-le-champ, de Rambouillet sort un édit, qui
porte pour premier article : la Hollande est réu-
nie à l'empire. Cet article, qui s'exécutera sans
trouble, prouve bien la puissance de celui qui le
fait; montre-t-il également sa loyauté, sa justice ? Le second article dit: Amsterdam est la
troisième ville de l'empire. Nous ne tarderons pas
à voir celui où l'on nommera Constantinople la
quatrième.... Peu de jours après ce décret, nous
avons lu la leçon donnée par l'empereur au fils
de ce frère qu'il vient de détrôner ; nous avons
appris ce que les fils doivent à leurs pères, et les
rois au peuples qu'ils gouvernent !

Je sais que la politique, qu'on vante comme
la science par excellence, est fondée sur cette
maxime, que tous les moyens sont justifiés par
la fin ; que l'empire universel ne saurait être
acheté trop cher. Que sont les sentiments natu-
rels dans ces conquérants ? Qu'est-ce que l'amitié, la foi jurée ? Qu'est-ce qu'un frère ? Qu'est-
ce qu'un peuple qui veut garder fidélité à son
prince ?.... une race pernicieuse et rebelle, qu'il

faut extirper par le fer et par le feu. Mais enfin cette sublime politique est-elle bien selon la loi de Dieu ?..... Selon la loi de Dieu ! A ces mots, messieurs, quel sourire sur les lèvres de nos puissants et de nos sages, s'ils étaient ici pour nous entendre !........ Mais nous, messieurs, qui sommes assez simples pour croire enfin que Dieu peut avoir donné à l'homme une règle qu'il doit suivre sur le trône comme au dernier rang, que devons-nous penser d'un prince qui la viole ainsi?

Arrêtons-nous, il est temps : il ne m'en a que trop coûté de vous rappeler ces faits aussi tristes que prodigieux ; hâtons-nous de repasser, en peu de mots, tout ce qui nous conduit à déterminer le caractère de la mission de l'homme des destinées.

Si l'on considère cet homme sous les rapports de conquérant et de politique, on peut dire avec vérité que nul dans l'histoire ne mérite de lui être comparé. César n'avait que la moitié de ce génie, Alexandre et Charlemagne qu'une partie de cette activité ; nul ne posséda jamais au même degré la suite dans les desseins, et la volonté qui domine le monde ; mais que l'ame est loin d'être

aussi belle que la tête est forte ! celui qui fit as-
sassiner le duc d'Enghien contre le droit des
gens, étrangler Pichegru contre la justice, qui
dépouilla le pape qui l'avait sacré, détrôna le
roi d'Espagne, seul souverain qui fût demeuré
son allié; qui raya du nombre des princes son
frère Louis pour sa douceur, et de sa famille
même, cet autre frère auquel il avait dû son salut
et sa fortune au 18 brumaire; celui-là, dis-je,
n'a que des fins de conquêtes, son cœur ne bat
jamais qu'à la vue d'un sceptre.

Mille faits moins remarquables pour les yeux
faibles, mais tout aussi clairs pour ceux qui ont
la vue bonne, prouvent, jusqu'à l'évidence, que
cet envoyé du destin a toutes les qualités néces-
saires pour remplir sa mission, qui est de vaincre, de bouleverser et de punir, et non de rajeunir
et de sauver.

Si Buonaparte eût été donné pour rétablir la
morale et les mœurs, il aurait eu les vertus qu'on
appelle humanité, justice, bonne foi; les a-t-il?

Si Buonaparte fût venu pour arrêter les ravages
du temps, qui mine les trônes, il n'enlèverait pas à
chaque peuple les liens de la patrie, ses lois et ses

usages ; le Code Napoléon ne serait pas substitue à tous les codes ; il n'ôterait pas à tous les peuples leurs noms, assuré qu'à sa mort ils ne sauront où se prendre, et comment se rallier.

Si Buonaparte eût été donné à la vieille Europe pour arrêter les progrès de sa cupidité, de son dégoût des lois, et de l'athéisme de ses sages, nous verrions ce prince régler les mœurs, faire taire les sophistes, honorer la religion, en relever le culte aux yeux des peuples par des offrandes, en protéger les ministres ; il appellerait à son conseil l'évêque pieux, et le commencement du code de ses lois civiles eût été écrit en mémoire de celui qui créa la première famille ; l'autel nourrirait le prêtre, le pasteur des campagnes recevrait de l'état l'indépendance, et ne tiendrait pas des mains d'un villageois sans croyance, un pain qu'il doit pouvoir quelquefois lui donner avant celui de la parole ; la religion, au lieu d'être comme aujourd'hui soufferte, pour ainsi dire, comme un mal nécessaire, régnerait par le prince, comme la bienfaitrice de tous ; le corps des savants n'oserait pas, dans un état où l'immense majorité tient à la communion ro-

maine, proposer l'éloge de la réforme de Luther,
et en couronner l'auteur; partout on verrait re-
vivre nos usages ; l'habit, en marquant les con-
ditions, arrêterait les désordres et l'ambition effrénée. Le divorce, proscrit par la religion du ca-
tholique (qui est celle du prince), ne lui serait
pas permis par la loi de l'empereur; César enfin
rendrait à Dieu ce qui est à Dieu ! Il n'est donc
que trop vrai, messieurs, l'homme des destinées
est ministre de vengeance et de mort. J'achèverai
ma tâche, et puisque je m'y suis engagé, je vais
montrer que nous méritons bien le fléau que le
ciel nous envoie, et que la vieille Europe va subir
sa peine...... ; mais souffrez que je m'arrête un
moment.

TROISIÈME PARTIE.

Théophile et ses amis demeurèrent quelque
temps silencieux et rêveurs; le ciel dorait de ses
rayons obliques la cime des arbres de la vallée ;
l'air était doux et calme. Théophile reprit ainsi
d'une voix plus lente.

Tout ici-bas est inscrit au cercle des vicis-

situdes; et ces feuilles que vous voyez là-bas
jaunir et tomber, ne sont pas, certes, les plus
grands avertissements que nous ayons du néant
des choses et de nous-mêmes! Les peuples vieil-
lissent comme les individus; on l'a dit, chacun le répète, et toutefois une telle vérité semble
perdre de sa force, par cela même qu'elle est plus
généralement établie! Rien ne peut rendre à une
nation vieillie, sa générosité, sa simplicité première, non plus qu'à un homme l'innocence de
ses premières années, ou les enchantements de
sa jeunesse. Personne n'ose le nier, et toutefois,
nous Européens, vieux et barbares à force de
civilisation et de luxe, nous parlons de rajeunir
l'Europe, et de reconstituer nos empires. L'Asie
est barbare cependant! et ceux des contempo-
rain de Périclès, qui, lisant un peu dans l'avenir,
l'annoncèrent aux hommes d'alors, trouvèrent
sans doute autant d'incrédules et de contradic-
teurs que ceux qui disent aux hommes d'aujour-
d'hui : les temps de l'Europe sont passés! Vieillards, nous avons tous les défauts de la vieillesse,
dont on connaît le plus constant, qui est de rêver
jusqu'à la mort, qu'elle a long-temps à vivre, et

de tenir davantage à la vie, en raison du peu de
jours qui lui restent ! Demeurerons-nous, mes
amis, dans cette folie de notre âge ? ne sentirons-
nous pas que l'Europe n'est plus digne de garder
l'empire, et que la jeunesse d'un autre continent
appelle incessamment les arts et la science ?

Chaque jour l'empire de Napoléon s'accroît ;
semblable à un océan qui aurait surmonté ses rivages, il s'étend au loin de toutes parts avec une
rapidité que l'œil a peine à suivre. Que nous promet cette subite grandeur ? Tant de peuples à
qui nous faisons prendre le nom de Français,
prennent-ils aussi nos mœurs, nos usages, et
l'amour de ce nom qu'on leur impose ? Tant de
familles, déchues et privées de leurs chefs, vien-
nent-elles avec joie faire partie de la famille ! En
voulant ainsi rendre l'Europe française, n'est-il
pas à craindre, au contraire, que la France, mêlée
parmi tant d'étrangers, ne finisse par s'y perdre !
L'empire est à peine formé, et déjà tous les di-
gnitaires de cet empire ont perdu leurs noms
français pour des noms qui ne le sont pas ;
chaque colonel d'un régiment, nommé baron,
chaque homme doté par l'empereur, reçoit avec

sa récompense un nom qu'une bouche française a peine à prononcer; chaque jour, d'ailleurs, nous enlève un usage, un signe de reconnaissance, et bientôt il faudra des yeux assez exercés, pour distinguer à la cour une figure française, parmi tant d'Italiens, de Polonais, et d'Allemands!

Si c'est une loi de la nature, que la durée de la vie soit en raison du temps de la croissance, nous pouvons trouver dans l'histoire la preuve que les empires, ces grands corps politiques, sont soumis à cette loi. Combien a duré l'empire de Charlemagne, fondé par ce seul prince? combien celui de Charles-Quint? Si celui de Rome a plus long-temps occupé la scène, ne voyons-nous pas aussi qu'il mit plusieurs siècles à se former et à s'étendre? encore, si nous savons lire le tableau de sa grandeur et de sa décadence, nous reconnaissons combien fut prompte sa ruine, dès qu'il eut dépassé l'étendue qui peut permettre l'unité d'action dans le gouvernement : tous ces colosses tombent, parce que la base qui les porte devient bientôt trop étroite. Et qu'espérer d'un état qui ne peut subsister que s'il plaît au ciel d'envoyer, pour le régir, un de ces grands caractères si rares dans toute la durée des siècles? Quelle solide espérance pourrions-nous donc concevoir? En moins de dix ans, l'Europe est changée, envahie! chaque état est violemment attaché à l'empire, sans que rien puisse préparer cette réunion, et en adoucir la peine à des peuples qui diffèrent par les mœurs, par les lois, par le langage!

Cette violente et subite formation de l'empire, n'est pas la seule raison qui nous puisse faire croire que les temps de l'Europe sont passés!

Mais qu'entend-on, d'ailleurs, par ce grand mot de *civilisation?* qu'est-ce, selon vous, qu'un état civilisé? Est-ce seulement celui où l'on trouve des palais et des monuments dans les villes, où l'art de tuer les hommes est très perfectionné; où le lâche et le scélérat opulents peuvent, en paix, sous de beaux lambris, boire avec volupté des vins délicieux; où la courtisane se pare de schals arabes....; où il se trouve, enfin, des réunions d'hommes qu'on appelle *académies*, et qui, chaque jour, peuvent dire au peuple que sa religion est une folie, et que la sagesse consiste à étudier les rapports de l'homme avec l'homme, sans s'occuper de ceux avec l'être de raison , que les simples appellent Dieu ?

Selon nos docteurs, tout se perfectionne en Europe ; mais jetons les yeux seulement sur un peuple, et qu'on nous dise que l'Italie, par exemple, est aujourd'hui plus civilisée que sous Léon X ! Sans parler de ses mœurs...., où trouve-t-on cette perfectibilité ? Dans ses lettres et dans ses arts ? qu'on me cite un peintre d'histoire qui soutienne aujourd'hui la gloire de l'école ?... où sont ces grands architectes ? un seul statuaire brille encore.... Mais il ne s'imprime pas un seul bon livre en prose ; mais la poésie n'est plus qu'une vaine musique ; et la musique elle-même, cette fille de l'Italie, quels accents fait-elle entendre aujourd'hui, si on les compare à ceux de Pergolèse ? Malgré l'imprimerie, malgré les bibliothèques, les musées, les professeurs et leurs écrits.... tout dégénère donc sur cette terre d'Italie ; la vie purement animale absorbe tout , l'énergie de l'ame est éteinte, et rien de grand ne peut plus sortir de la patrie de Raphaël et du Tasse. Tous les autres peuples (il serait aisé de le prouver) vont vers la même stérilité. En France, la gloire littéraire est passée : plus de poésie, plus d'enthousiasme chez des vieillards…. Nous en sommes à l'époque de la philosophie ; mais celle qui domine en nos écoles, n'ayant pour principe qu'une expérience matérielle, ne saurait nous mener qu'aux décompositions et à la mort.

Par toute l'Europe, les lettres sont déjà remplacées par des sciences qui toutes ont une tendance vers la matière. Platon trouvait la géométrie, appliquée aux arts d'industrie, une science ignoble, et l'interdisait à ceux qui voulaient élever leur esprit et leur cœur. Aujourd'hui, nos savants regardent d'un œil de dédain toute science qui n'a pas une application positive à l'un des arts qui rendent la vie animale plus commode : ces docteurs ne donnent des couronnes qu'à ceux qui travaillent pour l'homme physique…. Que leur font les travaux des Pascal et des Leibnitz ? ces gens-là n'étaient que des rêveurs ! ils s'occupaient de l'homme intellectuel, et la doctrine des académies ne permet à personne aujourd'hui de penser que l'homme ait une autre patrie que celle où la force et l'adresse sont les premières vertus…. O mes amis !

quand la science ne calcule ainsi que les agrégats de la matière... tout est fini !

Qu'est-ce qui conserve les états, en effet ? sont-ce les armes? est-ce même la science? N'est-ce pas plutôt la morale, la justice, l'amour du pays, celui des lois, le respect enfin dû aux ancêtres et aux autels ? Si rien de tel ne subsiste plus chez les peuples de l'Europe, que reste-t-il donc de cette civilisation dont nous sommes si fiers? et quel avenir s'avance ! Mais ne prenez pas, mes amis , pour d'amères déclamations, des vérités que je voudrais éloigner de nous! Que dis je que je ne puisse trop justifier? Quelle est l'idole qui seule aujourd'hui trouve de sincères et d'ardents adorateurs ?... c'est l'or ! lui seul partout est la patrie, la religion et l'honneur. Parcourez avec moi l'Europe ; quel peuple a conservé son gouvernement et ses mœurs ? je dirai plus, quel peuple est capable de lois et de gouvernement ! Les écrits des sophistes, et les ébranlements de tous les trônes n'ont-ils pas désenchanté tous les hommes? Où est en Europe, aujourd'hui, le particulier qui se croie suffisamment payé des services rendus, par un cordon ou par une dignité simplement honorifique? Où est l'homme du peuple qui regarde les rois comme de race divine, et le noble comme d'un autre limon que lui? Entrez dans le sénat, au conseil du prince, et offrez à l'un des hommes qui y siègent, le double de ce que lui vaut sa chaise curule, il se lèvera, pour vous la céder, si le coup-d'œil sévère du maître ne le force à se rasseoir.

Quelle est, par toute l'Europe, la première question qu'on fasse à l'homme qui entre dans une place? Combien vaut-elle?.... Un duc n'est plus qu'un esclave qui coûte cent mille écus de gages : voilà toute la différence entre lui et ceux qui balaient nos appartements. Croit-on aux lois de la patrie? Les faux républicains ne nous ont-ils pas dégoûté de la république; et les royalistes eux-mêmes n'ont-ils pas détruit le prestige qui environnait les rois? Où est l'homme qui attache un prix réel à sa noblesse, et qui se respecte par cette idée? Partout ne trouve-t-on pas chez les hommes de l'Europe les vices de la vieillesse, l'égoïsme, l'avarice et le désenchantement de tout? Les levées en masse des nations les unes contre les autres, laissent-elles aux pères le soin de préparer l'avenir de leurs enfants? L'Europe n'est-elle pas un champ de bataille, où les forts égorgent les faibles? Qu'espérer de toute une génération qui ne s'élève que pour les armes, lorsqu'elle apporte avec elle la soif de l'or, et qu'elle ose juger toutes les lois? Et qu'importe qu'au dehors nos maisons soient d'ordre corinthien ou dorique, si le dedans est sans dieux lares et sans autels à l'inconnu!

Mais, répète-t-on sans cesse, et nos découvertes...... la boussole, l'imprimerie? La boussole...., elle mène l'homme avide aux mines d'or; l'imprimerie, elle conserve les livres, je le sais! mais les livres conservent-ils les mœurs? et dans la mer d'opinions contraires sur laquelle nous voguons au hasard, où est le port, où est l'ancre, où sont les rivages?

Rome, sous les empereurs, était-elle sans lumières? Les patriarches aux champs d'Ebron, étaient-ils sans bonheur?

Le mal est si grand, il est si vrai que nous sommes tous dignes de la colère céleste, que je n'aurai pas besoin de beaucoup d'efforts pour achever de prouver que l'homme des destinées est le vengeur du ciel! Faudrait-il en effet, mes amis, vous rappeler les crimes de l'Europe et ses pensées audacieuses ? Dans toutes les chaires publiques, vous le savez, des docteurs sont montés tour à tour pour prêcher, ou l'anarchie, ou l'esclavage, ou l'athéisme. Les assemblées publiques n'ont décrété que des lois de sang, et les sociétés savantes que les principes de la matière. Partout a régné la philosophie des décompositions ; partout vous voyez, comme moi, à Londres, à Vienne, à Berlin et à Paris, dominer cette doctrine. L'homme est un bipède mammifère dont la main est un instrument très fort ; son organisation, plus parfaite que celle du singe, de l'éléphant et du castor, lui a soumis ces seconds du règne animal ; et à tout prendre, après examen, on peut le regarder comme le premier : voilà, mes amis, vous le savez, le résultat du grand œuvre philosophique.

Si nos lumières n'assurent pas la santé de l'état, qui l'assurera ? Est-ce l'épée ? Mais l'épée n'est qu'une puissance extérieure, et le bras qui la rend redoutable, n'est qu'un agent qui n'est pas la force première du corps. Un homme dans le délire de la fièvre chaude, terrassera quatre

hommes robustes ; direz-vous qu'il est fort naturellement, et ne jugerez-vous pas que, cet accès
une fois passé, il sera plus faible que l'un de
ceux qu'il a terrassés ? C'est donc aux signes de
l'état intérieur de cet homme qu'on peut juger de
sa force. Un conquérant, un roi, est une force
étrangère qui peut retenir un moment réunies
dans sa main les parties d'un état qui tombe; mais
s'il lui est impossible de rebâtir l'édifice, le jour
où la mort viendra lui-même le frapper, qu'arri-
vera-t-il de ce bâtiment ? Tel est, mes amis, l'état
trop véritable où nous sommes : par son génie,
l'homme des destinées semble réunir en sa main
toutes les parties de l'Europe.... Mais qu'arrivera-
t-il, s'il ne peut lui rendre la jeunesse et la santé ?

Et en effet, s'il est de la mission de l'homme
qui fait de l'Europe un empire, de punir tous les
rois et tous les peuples, ce ministère de vengeance
et de mort ne saurait adoucir et régénérer les esprits. Que de haines et de passions couvent en
secret ! que d'intérêts froissés ! que de pensées
ambitieuses pour l'avenir ! Croyez-vous que ces
lieutenants de l'empereur, ces nouveaux digni-
taires du nouvel empire, ces ministres du prince

élevés subitement, ces généraux , naguère ses
compagnons et ses rivaux , n'aient pas sans cesse
à la pensée le jour où la mort viendra frapper leur maître? Tous, dans la crainte où ils
sont de voir s'écrouler leur fortune si nouvelle,
ne font-ils pas, je le demande, sinon un plan
bien combiné, au moins ce projet de s'élever
sur les ruines des autres, et de s'unir au
plus fort contre les plus faibles? Aveugles et
ignorants de l'avenir comme nous, ne pensez-
vous pas qu'au moins leur vague inquiétude ne
les fixe à cette pensée de tout faire pour se main-
tenir? tous ne font-ils pas ce projet..., tandis que
les téméraires rêvent conquêtes et couronnes? Si
tel est, mes amis, le secret mouvement de cette
mer dont la surface aujourd'hui paraît calme,
où pensez-vous que soient les esprits dans ces provinces si subitement contraintes à devenir françaises? Tous ces ministres, courtisans, officiers
de ces rois qu'on vient d'abattre, que pensent-ils?
Que pensent tous ces nobles devenus plébéiens,
tous ces magistrats chassés de leurs tribunaux,
ces commerçants arrêtés dans leurs entreprises,
accusant le changement d'état, de la perte d'une

fortune que peut-être ils n'auraient point faite !
ces peuples, enfin, privés de leurs habitudes,
gênés dans leurs fêtes, ne sachant plus où porter
leurs respects, ayant perdu surtout la règle fixe
de leurs devoirs et de leur religion ? Comment
tourner ses regards sur tant de présages sinis-
tres ?... Quel avenir s'avance !

Les livres pourront donc rester en Europe ; le
luxe se prêtera encore quelque temps aux ca-
prices de celui qui par force ou par adresse sera
possesseur de l'or.... Mais, sans croyance, sans
lois et sans mœurs, les hommes de l'Europe n'auront bientôt plus de science que pour se nuire et
se mieux dévorer. Oui, le jour où les lieutenants
d'Alexandre commenceront à se battre sur sa
tombe, les arts qui calment les esprits fuiront ce
continent.... On ne verra plus ni la pudeur qui
embellit la jeunesse, ni la dignité qui accompa-
gne la mère de famille ; le courage ne sera qu'une
impétuosité brutale, séparée de cette justice qui
seule peut faire sa gloire ; les peuples, aujourd'hui
sous une domination et demain sous une autre,
n'auront plus de soins que pour dérober sans cesse
au soldat et à son chef le fruit de leurs sueurs :

alors chaque vaisseau qui cinglera vers la rive américaine emportera de notre Europe un talent ou une vertu; la paix fuira loin de nous; elle suivra de près la justice et la religion déjà parties.... Et alors que nous restera-t-il?... notre superbe, et la soif de l'or! L'homme de guerre avec son cheval et sa cuirasse se croira maître légitime de chaque demeure où il entrera ; le continent ne sera plus qu'un vaste champ de bataille; les prix décennaux seront pour les feux grégeois et les fusées à la Congrève; l'agriculture fuira à son tour; elle ira se réfugier sur les bords de l'Ontario ; la vieille Europe, rongée de douleurs dans tous ses membres qui auront perdu leurs lois et même leurs noms, succombera enfin et rentrera dans l'obscurité avec l'Afrique et l'Asie ses aînées ; l'Amérique élève son jeune front, et ceint le diadème.

Déjà le temps où ses vastes royaumes n'étaient que des colonies de la petite Europe se passe. Si le Nord a commencé plus tôt, vous voyez au Midi des peuples sortir de l'enfance et se constituer en nations; la junte des Caracas sera bientôt imitée dans sa douce révolution; au Brésil un état est déjà formé ; un Français a donné le mouvement aux habitants du cap des tempêtes.... L'horrible massacre que les noirs ont fait des blancs dans l'île de Saint-Domingue, et la conquête des autres îles par les Anglais achèvent de rompre les liens de ces colonies à la métropole ; partout vous verrez au Mexique et au Pérou, comme aux Antilles et aux États-Unis, les signes d'une civilisation nouvelle ; partout héritier de nos débris, le continent américain croîtra en gloire et en puissance. Que celui-là qui se sent animé du vrai désir d'être législateur ou fondateur traverse les mers : là tout est nouveau ; on peut y enseigner à la fois et l'agriculture qui nourrit les hommes, et la poésie qui les enchante....; et si parmi nous un poète a charmé, pour la dernière fois peut-être, nos sens blasés, c'est qu'il avait retrempé son noble esprit sur ces terres vierges. Que de beaux royaumes vont naître et s'étendre sur ces riches contrées!... Que de villes populeuses et florissantes ! Tout sera plus grand que dans notre Europe ; la nature a réservé pour cette terre ses plus grands traits : le poète qui chantera au pied des Cordillières, comme celui qui tiendra la lyre près des grands fleuves ou des grands lacs, auront de plus grandes images et des mouvements plus beaux. Quel spectacle nouveau que celui d'un si vaste continent civilisé sans passer par la barbarie ! là point de temps obscurs, point de rois fainéants, point d'ignobles commencements ! Quelle histoire que celle dont la première page sera la découverte de Colomb ! On pourra sans dégoût écrire les premiers jours de Philadelphie, la révolution des Caracas et le royaume du Brésil.

Pauvre France ! nos enfants t'auront fuie ; ils auront emporté loin de la Seine et du Rhône la bible et la lyre. Près des grands fleuves ils pleurent à ton souvenir.... Mais de quoi leur serviront leurs plaintes, elles ne seront point entendues.... Les bruits de la cataracte les étoufferont au sortir de la bouche. Puissiez-vous, plus heureux et plus sages que vos pères, transmettre encore en honneur le nom français aux doux champs de la Louisiane !... Vous y porterez nos titres de gloire et la mémoire de notre grand siècle ; les Américains sont appelés à nous surpasser, comme nous avons surpassé les Grecs.... Mais un temps encore, fils de la France! vous leur dicterez les arts de l'esprit.... Heureux l'Américain qui sera un jour à l'auteur de notre Phèdre ce qu'il fut lui-même à l'auteur de la Phèdre grecque! Heureux cet autre qui sur les bords de la Delaware rappellera Fénélon!.... Que je voudrais voir celui qui avec les crimes et les grands hommes de notre Europe surpassera Corneille et ses Romains! Newton sera vaincu, le grand Descartes le sera peut-être!.. Mais qui vaincra l'orateur disant, sur le tombeau de Louis XIV : *Dieu seul est grand, mes frères?* Qui triomphera de Pascal disant : *Dieu est un cercle dont le centre est partout, et la circonférence nulle part?*

Heureux temps de l'âge viril des peuples, où chaque jour apporte une gloire et une découverte, où tous les esprits vont vers le beau et le bon ! Vous passez comme la jeunesse d'une Hélène et la force d'un Achille ! Quelques hommes sages savent seuls hériter de vous !

Mais si je consulte les livres saints, mes amis, vers la fin des temps quelques jours de paix sont promis à la terre, comme un avant-goût de ceux du ciel : alors en quelque coin de ce monde la vertu et la liberté se donneront la main ; alors le génie et la piété seront étroitement unis ; alors la science, de retour sur les bords de l'Indus et du Gange, après avoir fait le tour du globe et parcouru le cercle des fausses opinions, se reposera enfin dans la vérité, et enseignera aux derniers hommes que les temps sont proches où la matière ne sera plus la prison des intelligences, où les amis pourront se retrouver sans inquiétude sur l'avenir, où les enfants de paix et de lumière rentreront vivants dans le royaume d'où nulle révolution ne peut chasser.

Théophile cessa de parler ; ses amis et lui, pressés par les ombres du soir, se hâtèrent de regagner leur demeure.

FIN.